5703 ——— 18

Brownstone

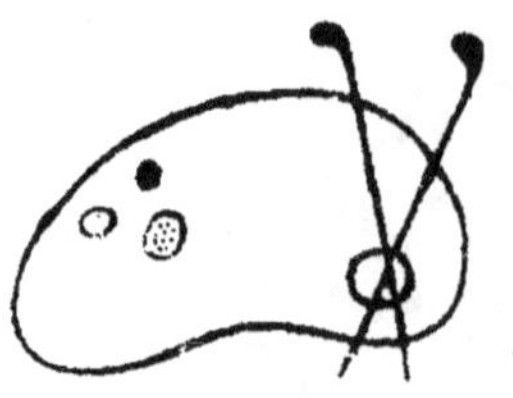

Début d'une série de documents
en couleur

Couverture inférieure manquante

FONTENAISIENS DISPARUS

ALFRED GIRAUD

ANCIEN MAGISTRAT
ANCIEN DÉPUTÉ A L'ASSEMBLÉE NATIONALE

PAR

Charles FARCINET. O✳

ANCIEN CHEF DU PERSONNEL AU MINISTÈRE DE L'INTÉRIEUR
CORRESPONDANT DE LA SOCIÉTÉ DES ANTIQUAIRES DE FRANCE, ETC.

VANNES	FONTENAY-LE-COMTE
IMPRIMERIE ET LIBRAIRIE LAFOLYE	Bureaux de la REVUE DU BAS-POITOU

1894

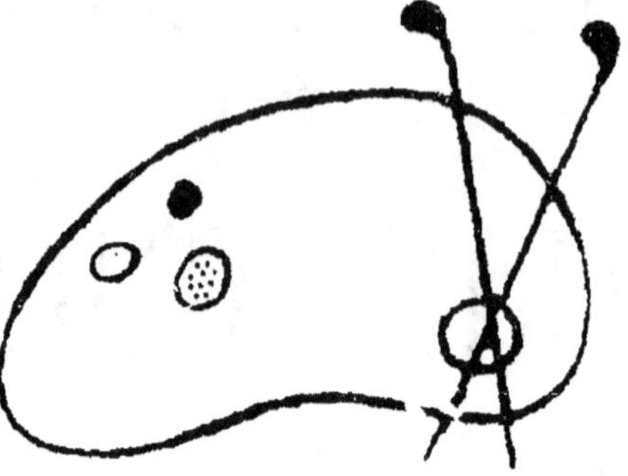

Fin d'une série de documents
en couleur

FONTENAISIENS DISPARUS

ALFRED GIRAUD

ANCIEN MAGISTRAT

ANCIEN DÉPUTÉ A L'ASSEMBLÉE NATIONALE

PAR

Charles FARCINET, O✳

ANCIEN CHEF DU PERSONNEL AU MINISTÈRE DE L'INTÉRIEUR

CORRESPONDANT DE LA SOCIÉTÉ DES ANTIQUAIRES DE FRANCE, ETC.

Extrait de la Revue du Bas-Poitou

VANNES

IMPRIMERIE ET LIBRAIRIE LAFOLYE

FONTENAY-LE-COMTE

Bureaux de la Revue du Bas-Poitou

1894

FONTENAISIENS DISPARUS

ALFRED GIRAUD

ancien Magistrat,
ancien Député à l'Assemblée Nationale.

Vous n'avez jamais dit, avec la foule ingrate :
Les morts sont oubliés et les absents ont tort...
(Vers inédits d'Alfred Giraud).

ALFRED GIRAUD est un des hommes qui, dans ces derniers temps, ont le plus honoré la Vendée. Savant jurisconsulte, magistrat intègre, homme politique consciencieux, il prit une part sérieuse et très active aux travaux de l'Assemblée Nationale de 1871, et se fit remarquer aussi bien à la tribune que dans les commissions. Il y soutint toujours les droits de la liberté et de la justice, sans oublier ceux de la reli gion, et à la sympathie qu'inspirait son talent se joignait la plus grande considération pour son caractère. C'est ainsi que MM. Jules Simon et Henri Fournier, sénateurs, bien qu'ils ne partageassent pas ses opinions politiques, ont souvent cité ses paroles et lui ont rendu pleine justice. On a dit avec raison qu'il avait le culte respectueux des fortes convictions de son pays natal, associé à l'intelligence éclairée des besoins de son temps. La Vendée doit compter Alfred Giraud parmi les plus vaillants défenseurs de ses idées et de ses intérêts.

Un heureux don naturel, privilège des esprits élevés, le fit s'appliquer avec un égal succès aux belles-lettres, aux recherches historiques et aux études plus austères du droit et, lorsque la gravité de son caractère le porta définitivement vers la carrière de la Magistrature, les lettres ne furent plus pour lui qu'un délassement de travaux plus sérieux.

Né à Fontenay-le-Comte le 3 août 1827, Alfred Giraud y est décédé le 9 juillet 1880, à peine âgé de 53 ans. Ancien élève du collège de Pont-Levoy, il y avait obtenu de brillants succès, et il fut appelé, jeune encore, par le libre choix de ses condisciples, à présider l'association des anciens élèves. Il prononçait chaque année, à leurs réunions, des discours qui étaient de petits modèles d'éloquence et de morale[1].

Il fut reçu docteur en droit à la Faculté de Paris en 1852, après avoir publié une savante dissertation sur le divorce et la séparation de corps (Paris, 1852, in-8 de 84 p.). Précédemment nommé élève pensionnaire de l'école des Chartes, à la suite d'un concours, il y obtint le 15 novembre 1853, après une thèse brillamment soutenue, et classée la première, le diplôme d'archiviste-paléographe. M. Augustin Thierry et d'autres maîtres éminents avaient déjà remarqué ses travaux

---

[1] Pont-Levoy, tu m'as vu vivre et croître à ton ombre ;
A l'ombre de tes murs, débris du temps passé,
J'ai reçu tes leçons, et dans mon âme sombre
Ton pur enseignement ne s'est pas effacé.

(Alfred Giraud, Les Vendéennes, *Strophes à Pont-Levoy*, 1850).

littéraires et historiques. En 1850, il avait publié un volume de poésies dont je parlerai plus loin. En 1851, il fit paraître, dans le *Bulletin du Bibliophile*, une notice biographique remarquable sur un poète du XVI° siècle, originaire de Fontenay, *André de Rivaudeau*, allié à la famille du grand jurisconsulte Tiraqueau, et dont il avait retrouvé les œuvres, un peu oubliées, à la bibliothèque de l'Arsenal. Il a aussi publié dans le même recueil un autre article intéressant sur *Jean Bonnefons* et *Gilles Durand*, poètes peu connus du XVI° siècle. En 1855, il donna dans les Mémoires de la bibliothèque de l'Ecole des Chartes une lettre inédite du roi Jean, captif en Angleterre, à son fils Charles V, dauphin du Viennois. Il l'avait découverte à la Bibliothèque nationale, dans la collection de dom Grenier, où l'original se trouve en papier. C'est un document précieux par la signature du roi Jean, dont il n'existe qu'un autre spécimen. Cette lettre est datée de Londres, 19 juillet, sans indication d'année ; mais, comme cet infortuné prince resta sur le sol anglais du 4 mai 1357 au 6 juillet 1360, et qu'il passa le mois de juillet 1359 au château d'Hereford, la lettre doit être de juillet 1357 ou 1358. Elle est simplement relative à la concession d'un office de la châtellenie de Longchamp canton d'Etrépagny, (Eure).

De 1854 à 1856, Alfred Giraud a publié dans une de nos meilleures Revues provinciales (*Revue des Provinces de l'Ouest, Bretagne et Poitou*) de jolies pièces de vers : *Le Seigneur de Peroux* ; — *L'homme qui a un poil dans la main* ; — *Maillezais*, — et de remarquables articles sur trois notables enfants de Fontenay-le-Comte : 1° le président *Barnabé Brisson*, victime des fureurs populaires, qui racheta par son supplice quelques faiblesses de sa vie. Cette notice est très intéressante et pleine de faits bien présentés. Alfred Giraud

---

¹ Ce gentilhomme du Bas-Poitou naquit à Fontenay en 1538. M. de Sourdeval a réimprimé ses poésies en 1859. La *Tragédie Saincte d'Aman*, plusieurs *Complainctes* de femmes abandonnées, quelques *Hymnes* et *Epîtres* constituent l'œuvre de ce poète distingué, mort jeune.

y raconte les diverses phases de la vie de Brisson, qui, croyant conserver sa situation et sa fortune, eut le tort de se mettre du côté des ligueurs[1]. L'auteur ne peut se défendre de quelque indulgence pour lui ; il allègue sa faiblesse, vante sa modération, et s'il ne peut le justifier, il dit sincèrement et avec loyauté tout ce qu'il sait pour atténuer ses torts. — 2° *Romain du Pin-Pager*, versificateur peu connu, mais qui eut son heure de célébrité, au commencement du XVIIe siècle, dans cette pénombre qui précède la grande lumière littéraire, entre l'école créée par Ronsard et le mouvement inauguré par Corneille. Il y eut alors, autour de Malherbe, de Colletet, de Racan, une foule de poètes remarqués mais aujourd'hui oubliés, parmi lesquels on trouve du Pin-Pager.— 3° Nicolas Rapin, poète et soldat de Henri IV, son défenseur par la plume dans la *Satire Ménippée*[3] et par l'épée sous le maréchal

[1] Né à Fontenay, en 1531, Brisson fut un jurisconsulte éminent, avocat général, président au Parlement de Paris, ambassadeur en Angleterre et premier président du Parlement de la Ligue. Devenu bientôt suspect aux ligueurs, il fut pendu le 16 novembre 1591. Il a beaucoup écrit ; son *Code de Henri III* est son meilleur ouvrage.

[2] Né à Fontenay en 1598, Romain du Pin-Pager eut ses poésies imprimées à Paris en 1629. Elles sont assez insignifiantes pour la plupart On y trouve cependant, dans les *Stances sur la prise de la Rochelle*, des vers d'une assez grande allure, tels que ceux-ci :

> Sourcilleux boulevards, effroyables murailles,
> Qu'un peuple forcené portait jusques aux cieux,
> Vous ne servez à rien qu'aux tristes funérailles
> Des fous qui méprisoient et les Rois et les Dieux.
>
> Douze siècles passés font voir que nos monarques
> L'ont toujours emporté sur tous les potentats.
> Insolents, toutefois vous aviez pris les marques
> Que la rébellion prend dedans les Etats.
>
> Mais Celui de qui l'œil garde cette couronne
> Et dont le bras puissant soutient les royautés
> Vous a fait dessécher comme feuilles d'automne,
> Et vous a fait périr comme enfants avortés.

[3] On sait que la *Satire Ménippée* est un célèbre pamphlet dirigé contre la Ligue et composé par plusieurs auteurs.

— Alfred Giraud a publié dans son volume des *Vendéennes* une pièce de vers à *Nicolas Rapin* dont voici un passage relatif à la Ligue :

> Après avoir longtemps combattu par l'épée,
> Tu revins dans la lice avec la Ménippée,

de Beaumont. Alfred Giraud avait eu l'heureuse fortune de trouver aux Archives Nationales les lettres patentes datées d'octobre 1590, au camp du Pont-Saint-Pierre (entre Rouen et les Andelys), par lesquelles le Roi anoblissait son défenseur[1] et lui donnait pour blason trois fers de lance (*un écu d'argent à trois tronçons de lance de gueules*) en souvenir de ses blessures à la bataille d'Ivry. — Nicolas Rapin avait déjà des armes analogues : avocat, maire de Fontenay-le-Comte en 1570, il quitta cette ville lorsqu'elle fut occupée par le fameux capitaine La Noue (dit Bras de Fer) et les huguenots, et se retira à Niort. En 1576, il fut pourvu de la charge de vice-sénéchal de Fontenay à Niort, et il l'exerçait encore en 1585, car à cette date il donne une quittance de ses appointements, signée de *lui et scellée en cire rouge du petit sceau à ses armes* ; « *d'azur à trois lances d'or en pal* ». Cette quittance conservée à la Bibliothèque nationale, dans les pièces originales du cabinet des titres, a été signalée par M. Edgar Bourloton, dans son intéressant article sur

> Livre où l'on aperçoit sous un style moqueur
> La droiture du sens et la bonté du cœur ;
> Satire qui sauva la liberté française
> Et qui nous délivra de l'Espagne et des Seize.
> Soyez bénis, Leroy, Passerat et Pithou,
> Gillot, Chrétien, et *toi poète du Poitou*,
> Car au torrent fougueux qu'avait formé la Ligue,
> Vous avez opposé cette invincible digue ;
> Car déjouant les Guise et leur art infernal
> Vous avez défendu le *droit national*,
> Et c'est grâce peut-être à votre âpre ironie
> Que la France a mis fin à sa lente agonie.
> Vous avez démasqué tous ces ambitieux
> Qui prétendaient agir dans l'intérêt des cieux,
> Et torturaient en vain la doctrine chrétienne
> Pour y trouver un texte applicable à Mayenne.

[1] Le 10 août dernier (1894), je suis allé aux Archives Nationales et j'ai vu ces lettres d'Henri IV, découvertes par Alfred Giraud, il y a 40 ans. Elles sont inscrites dans un gros volume in-fol. manuscrit sur parchemin, qui est un recueil d'ordonnances royales enregistrées au Parlement, de 1589 à 1594 (2e partie, revers du folio 51 et suiv. X¹ᵃ, 8640). On lit en marge, en écriture de l'époque : *Anoblissement de Nicolas Rapin, Prévost général du Camp*, et à la fin : *Octobre 1590. Enr. febvrier 1592.*

Rapin, d'après des documents inédits[1] (*Revue du Bas-Poitou,
1892, p. 452*). Henri IV ne fit donc que confirmer les armes
que portait déjà Nicolas Rapin, en leur donnant la sanction
royale.

Alfred Giraud a également donné dans la remarquable pu-
blication de MM. O. de Rochebrune et B. Fillon, *Poitou et
Vendée*, au chapitre de *Grues*, et sous le titre de : *Le grain
d'orge, le grain de froment et l'âne*, une pièce de vers dans le
genre de nos fabulistes ; elle n'est pas sans mérite, et il fallait
qu'elle en eût pour être accueillie par B. Fillon, adversaire
politique de l'auteur et souvent en discussion avec lui.

Nous avons encore remarqué dans la *Revue des Provinces
de l'Ouest* (1855-1856) un article sur l'atelier de Gaston
Guiton, sculpteur Vendéen ; un autre sur une traduction en
vers des œuvres d'Horace, par un compatriote, Charles Palliot.
— Alfred Giraud fait un grand éloge de cette traduction qu'il
trouve supérieure à celle du comte Daru[2] ; — enfin un autre

---

[1] Alfred Giraud avait l'intention de publier une nouvelle édition des
œuvres de Nicolas Rapin, et il avait presque terminé une savante introduction
à ce livre lorsque la maladie vint paralyser ses efforts.

Nous citerons, parmi les poésies de Rapin, quelques vers extraits des
Plaisirs d'un gentilhomme champêtre:

> Heureux celui qui, loin d'affaires,
> Comme les gens du temps passé.
> Avec ses bœufs ordinaires
> Laboure les champs que ses pères
> En propre luy ont délaissé ;
> De qui la maison est bastie
> Sans grande somptuosité,
> De peu de logis assortie
> Avec toute commodité,
> Qui en un temps bien pacifique
> Ne voit plus fort que luy chez soy.
> Mais sans querelle domestique.
> Sur sa petite République
> Commande comme un petit Roy.

[2] Il la trouve surtout plus fidèle, et compare les deux traductions au texte
latin. Il rappelle qu'Horace est le poète de tous les âges, car « tandis
« que le jeune homme lit avec enthousiasme les vers qui chantent l'amour,
« la gloire et le dévouement à la patrie, le vieillard, revenu des illusions
« généreuses et dangereuses, sourit aux fines plaisanteries d'un poète
« observateur et pénétrant. »

ai ticle sur les *Vies des Saints du Poitou, et l'histoire des Congrégations religieuses d'origine poitevine*, de M. de Chergé. Il y fait remarquer que de tout temps le Poitou a été fertile en grands hommes : depuis saint Léger jusqu'à Mgr Couperie, depuis Tiraqueau jusqu'à Barnabé Brisson, depuis Guillaume Fierabras jusqu'à Charette, depuis Guillaume V jusqu'à Richelieu, depuis Viète jusqu'à Réaumur, depuis Guillaume X jusqu'à Nicolas Rapin, — quelle série de confesseurs, de jurisconsultes, de capitaines, d'hommes de gouvernement, de savants, de poètes ! Et il rappelle parmi les saints : saint Martial, 1er apôtre des Gaules, saint Hilaire, saint Martin de Tours, sainte Radegonde, saint Fortunat, saint Savinien, saint Cyprien...

Alfred Giraud fut nommé substitut à Tours, le 12 janvier 1856 ; — procureur impérial à Gien, le 12 août 1860 ; — procureur à Parthenay, le 8 février 1862 ; — vice-président du tribunal de Blois, le 29 janvier 1868 ; — élu représentant de la Vendée à l'Assemblée Nationale, le 8 février 1871, — et nommé, le 18 janvier 1876, conseiller à la cour d'Orléans, par M. Dufaure, ministre, juste appréciateur du mérite et du désintéressement de notre distingué compatriote. — Il avait publié, de 1859 à 1864, plusieurs petits traités spéciaux dans les revues les plus autorisées : 1° sur les aveux féodaux et les déclarations censuelles *(Revue historique de droit français et étranger* (septembre — octobre 1859) ; 2° sur la surveillance de la haute police et la réhabilitation *(Paris, Durand, in-8°, 1862)* ; 3° sur les immeubles par destination et les chevaux des haras *(Revue critique de législation et de jurisprudence,* tome XXIV, mars 1864) ; 4° sur le serment décisoire et le faux serment en matière civile *(même Revue* 1864). — Des juges compétents ont honorablement apprécié ces écrits.

Au cours de ses fonctions judiciaires, Alfred Giraud avait eu l'occasion de remarquer l'importance de la tenue régulière des registres de l'état civil, souvent confiés dans nos communes rurales à des mains inexpérimentées, et pendant

son séjour à Parthenay, lorsqu'on vint lui demander de faire
un cours public de droit municipal à l'école normale des insti-
tuteurs, il n'hésila pas à le faire. En 1869 il publia, après
une sérieuse révision, le cours professé par lui, qui devint
un précieux *vade mecum* pour tous ceux qui dirigeaient les
affaires communales. Ce travail lui valut les palmes d'officier
d'Académie, qu'on ne donnait pas alors aussi facilement qu'aujourd'hui. J'ai retrouvé dans mes papiers et relu avec émotion
une lettre qu'Alfred Giraud m'avait adressée en 1869 (il était
alors vice-président du tribunal de Blois), à propos de ces
Eléments de Droit municipal, que j'avais fait recommander
dans le « Bulletin officiel du Ministère de l'Intérieur'».

Alfred Giraud était encore vice-président du Tribunal
de Blois lorsque survinrent les événements du 4 Septembre
1870. Il fut élu, le 8 février 1871, représentant de la Vendée à
l'Assemblée Nationale, le 7ᵉ sur 8, avec 53,871 voix sur 66,286
votants. Il siéga à droite dans le groupe monarchique et fit
partie de la réunion Saint-Marc Girardin. Il fut l'un des 94
signataires de la protestation contre l'exil des Bourbons, et
l'un des auteurs de la proposition d'abrogation des lois
d'exil. Il répondit au discours de Louis Blanc pour s'opposer

---

' Nous avions été ensemble à l'École de Droit de Paris et fréquenté
plusieurs salons littéraires (Mᵐᵉ Ancelot, Alfred de Vigny, Eugène Loudun
et quelques autres de l'époque), puis j'étais entré au Ministère de l'Intérieur
et Alfred Giraud dans la Magistrature. Voici sa lettre :

« Blois, le 18 décembre 1879.

  « Mon cher ami,

  « L'archiviste de Loir-et-Cher vient de me montrer la petite note consacrée
« à mon livre dans le Bulletin du ministère de l'intérieur ». Je vous remercie
« de ce que vous avez eu l'obligeance de faire à ce sujet. On a un peu rac-
« courci la notice que j'avais envoyée ; mais cela n'a aucune importance.
« Le principal c'est l'indication et la recommandation. — Vous avez eu
« l'obligeance de me promettre de m'envoyer le numéro qui contiendrait la
« recommandation, et si la chose vous est facile, je vous serais reconnaissant
« d'ajouter cette amabilité à tant d'autres. »

  « Mes respectueux hommages à Madame Farcinet et à Madame votre mère. »

« Votre bien affectionné,

« A. GIRAUD. »

au retour à Paris, et reprit l'amendement Ravinel, qui décida de l'installation de l'Assemblée Nationale à Versailles — Alfred Giraud, quoique très conciliant, n'était pas, au fond, très sympathique au gouvernement de la République, ni au suffrage universel, dont il redoutait les conséquences ; il pressentait que ce suffrage des masses populaires élirait bientôt des hommes qui attaqueraient les idées qui lui étaient chères sur les grands intérêts religieux et sociaux. Nous n'énumérerons pas ici tous ses votes[1], mais on peut dire que jamais représentant n'apporta dans les luttes parlementaires des convictions plus sincères, une loyauté plus franche, un esprit plus ferme et animé des meilleures intentions. C'était un de ces caractère droits que n'aveuglait pas la passion politique, ni les exigences du népotisme, et il a même rendu service à des personnes qui lui étaient sourdement hostiles, lorsque leur cause lui paraissait juste.

Voici le compte rendu qu'il adressa à ses électeurs le 2 janvier 1876 :

« MESSIEURS ET CHERS COMPATRIOTES,

« Quand, au mois de février 1871, vous êtes venus me chercher sur mon siège de magistrat pour m'envoyer, comme un de vos représentants, à l'Assemblée nationale, vous m'avez fait le plus grand honneur qu'un homme puisse recevoir du libre choix et de la libre confiance de ses concitoyens. A la suite d'une guerre imprudemment engagée, aveuglément et témérairement continuée, la moitié de la France était envahie, et l'autre moitié, redoutant les approches de l'ennemi, gémissait sous le joug de la dictature de hasard qui s'était imposée à elle, au nom et sous le prétexte de la défense du pays. Malgré d'héroïques efforts, nos armées étaient défaites ; épuisé par cinq mois de siège, Paris avait mangé son dernier morceau de pain ; nos finances étaient perdues, et les hommes qui s'étaient emparés du gouvernement de la France, profondément divisés entre eux, rendaient des décrets contradictoires. En un mot, l'anarchie et la confusion étaient partout. C'est dans ces conditions, vous

---

[1] Il a dressé régulièrement, de 1871 à 1876, de très intéressantes *correspondances parlementaires* à la *Gazette Vendéenne* de Fontenay.

le savez, que l'Assemblée nationale fut élue le 8 février 1871, et qu'elle se réunit à Bordeaux le 12 février suivant.

« L'élection du 8 février avait trompé les espérances du parti radical, qui demandait la guerre à outrance Dans la grande majorité des départements, la liste contenant les noms des candidats conservateurs, monarchistes et partisans de la paix, avait triomphé. Le parti démagogique, sentant que le pouvoir allait lui échapper, cherchait à le ressaisir par l'intimidation et la violence. La garde nationale était armée partout. Au contraire, l'armée régulière, vaincue et désorganisée, n'était plus que l'ombre d'elle-même. Qu'allait devenir cette Assemblée, dernier espoir de la nation ? Allait-elle disparaître dans une sédition, comme la dernière Chambre de l'Empire, ou allait-elle, comme la Convention, voter sous la menace et sous la terreur des passions jacobines ? Tout cela était à craindre, et les cris : — *A bas les ruraux* ! — qui accueillaient les députés sur les marches du grand théâtre de Bordeaux et jusque dans la salle des séances de l'Assemblée nationale, démontraient suffisamment quels étaient, à l'égard de la représentation nationale, les sentiments du parti révolutionnaire.

« Sans vouloir exagérer, Messieurs et chers Compatriotes, la portée du modeste rôle que j'ai joué dans l'Assemblée nationale, je crois devoir vous exposer brièvement et loyalement ce que j'y ai fait.

« Dès le 11 février, nous étions réunis, deux ou trois cents députés dans le foyer du grand théâtre de Bordeaux, sous la présidence de M. Benoist-d'Azy, député de la Nièvre. Là, j'ai demandé qu'un bureau provisoire fût immédiatement constitué, afin qu'il pût donner des ordres à la force publique et veiller à la sécurité et à la liberté des réunions de l'Assemblée nationale. Cette proposition, qui avait pour objet de mettre à l'abri d'un coup de main la représentation du pays, fut adoptée.

« Le premier devoir de l'Assemblée, après avoir constitué son bureau, était de traiter avec l'ennemi, qui occupait déjà la moitié de notre territoire. Vous ne le savez que trop : la continuation de la guerre était impossible. Je me suis donc associé au vote de l'Assemblée qui, au prix du plus douloureux sacrifice, a mis un terme à la dévastation de la France et a ainsi prévenu sa ruine totale. Si le traité de paix, qui a cédé l'Alsace et la Lorraine, a été pour nous humiliant et cruel, la responsabilité ne doit pas en retomber sur les députés, qui, étrangers à la déclaration de guerre et aux actes de la dictature du Quatre-Septembre, n'ont subi la loi de la Prusse victorieuse que pour épargner à leur pays d'irréparables malheurs.

« Dès les premiers jours de notre législature, frappé des inconvénients

qui résultaient, pour les habitants de nos campagnes, de la nécessité de
se transporter au chef-lieu du canton afin d'y exercer leurs droits électo-
raux, j'ai, de concert avec mes collègues de la députation vendéenne,
proposé de rétablir le vote à la commune. Cette proposition a été con-
vertie en loi.

« Dans la séance du 10 mars 1871, j'ai combattu, de toutes mes forces,
la proposition qui consistait à faire rentrer l'Assemblée à Paris. Les
tristes et terribles événements, qui se sont accomplis peu de temps après,
ne m'ont que trop donné raison. Depuis cette époque, persuadé que
c'était grâce au séjour de l'Assemblée à Versailles, que l'ordre avait été
maintenu. j'ai repris en mon nom, lors du vote des lois constitutionnelles,
l'article additionnel proposé par M. de Ravinel et abandonné par son
auteur. Cet article additionnel est devenu l'article 9 de la Constitution.
C'est donc à mon intervention qu'est due la disposition constitutionnelle
qui fixe à Versailles la résidence du pouvoir exécutif et des deux
Chambres. Je crois, en accomplissant cet acte, avoir rendu un grand
service au pays.

« Convaincu que la monarchie héréditaire et constitutionnelle pouvait
seule procurer à la France la sécurité et des alliances, et faciliter ainsi
l'allégement des charges militaires et budgétaires qui pèsent sur nous, j'ai
proposé, avec un grand nombre de mes collègues, l'abrogation des lois
de proscription édictées contre les princes de la maison de Bourbon. Je
n'avais eu, jusqu'alors, aucune relation avec les princes exilés et j'étais
pour eux un inconnu; mais j'espérais, dans mon patriotisme, que de
funestes malentendus disparaîtraient, et qu'au moyen de concessions
réciproques, nous pourrions rétablir, d'une manière durable, l'édifice
constitutionnel de la France. Si je me suis trompé en plaçant les questions principales avant les questions secondaires, je me suis trompé
avec tous les hommes de cœur, qui, sans passion politique et sans
préventions, voulaient alors restaurer la monarchie, pour qu'elle fût la
gardienne de ces trois choses nécessaires : l'ORDRE, la PAIX et la
LIBERTÉ.

« Je persiste à penser que l'avenir serait aujourd'hui moins redoutable,
si des questions si hautes n'avaient pas été presque toujours envisagées
par le côté le plus étroit.

« A la suite des regrettables divisions qui ont rendu l'œuvre monarchique impossible, une Constitution républicaine a été votée. J'ai toujours pensé que la République ne pouvait convenir aux grands Etats,
surtout quand ils sont entourés de monarchies. Je crois encore que la
monarchie peut, seule, regarder la liberté en face et en supporter les
agitations J'ai donc voté contre la Constitution du 25 février. Mais

maintenant que cette Constitution est devenue la loi du pays, avec la possibilité d'une révision légale, je ne crois pas avoir le droit de me soustraire à ses prescriptions. J'ai, en conséquence, pris part au vote sur les lois organiques, destinées à régler les rapports des pouvoirs publics. En effet, il faut, tout d'abord, qu'un pays soit gouverné Quels que soient les inconvénients d'un pouvoir temporaire et électif, ce pouvoir, confié à d'honnêtes gens, résolus à défendre les grands intérêts religieux et sociaux, vaut incontestablement mieux que l'anarchie.

« Conservateur avant tout, j'ai soutenu, comme député, le gouvernenement de M. Thiers, tant que je n'ai pas connu ses engagements envers le parti radical ; mais, à dater du jour où cet homme d'Etat les a avoués en pleine Assemblée, je lui a persévéramment refusé ma confiance.

» Depuis le 24 mai, j'ai constamment soutenu de mes votes la politique du maréchal de Mac-Mahon, bien que je n'aie pas toujours approuvé tous les actes de ses ministres, les crises ministérielles m'ayant paru, dans les temps troublés où nous sommes, constituer un très grave péril.

» J'ai cru devoir mettre à la disposition de mes collègues de l'Assemblée les connaissances spéciales que j'ai pu acquérir dans les écoles de l'Etat et dans l'exercice des fonctions judiciaires. J'ai fait partie d'un grand nombre de Commissions et j'ai pris part à des discussions importantes, notamment aux discussions sur la résidence de l'Assemblée nationale, sur la presse, sur l'organisation du Conseil d'Etat, sur l'organisation judiciaire, sur le travail des enfants dans les manufactures, sur la surveillance de la haute police, sur la liberté des cultes et sur la liberté de l'enseignement supérieur. J'ai été assez heureux, dans plusieurs de ces graves questions, pour voir mes propositions favorablement accueillies par l'Assemblée nationale.

« Voilà, Messieurs et chers Compatriotes, quels ont été mes principaux actes à l'Assemblée nationale. Je suis parfaitement convaincu que si ma conduite politique n'a pas l'approbation de tous ceux qui m'ont honoré de leurs suffrages, aucun d'entre eux ne refusera de rendre justice à la loyauté de mes intentions. Dans les temps difficiles où nous avons vécu depuis le 8 février 1871, je n'ai suivi d'autres inspirations que celles de ma conscience, et je n'ai eu qu'un seul but : l'accomplissement de mon devoir. Représentant du peuple et mandataire de mes concitoyens, j'ai toujours refusé d'obéir à tout mot d'ordre émané de chefs politiques plus ou moins haut placés, quand ce mot d'ordre ne me semblait pas maintenir, dans son intégrité, l'appréciation libre et raisonnée des grands intérêts de la France.

« Si vous pensez que je puisse encore vous rendre quelques services

en restant dans la carrière politique, je me tiens complètement à votre
disposition. Du reste, quelles que soient pour moi les éventualités de
l'avenir, je n'en conserverai pas moins le souvenir reconnaissant des
suffrages que vous m'avez accordés Je considérerai toujours le titre de
député de la Vendée, dont j'aurai été revêtu pendant cinq années,
comme l'honneur de ma vie, comme un de ces liens indestructibles qui
doublent l'attachement pour la terre natale, et comme le témoignage
précieux d'une sympathie qui, je l'espère, ne s'éteindra pas avec le
mandat que vous m'avez confié.

« Fontenay-le-Comte, le 2 janvier 1876.

« ALFRED GIRAUD,

« *Député de la Vendée.* »

Alfred Giraud ne fut pas réélu en 1876. Il avait porté
ombrage à des personnalités qui ne partageaient ni ses idées
ni ses espérances, et qui le battirent en brèche dans l'opinion.
Il fut très sensible à cette ingratitude de ses électeurs, et
elle réagit très probablement d'une manière fâcheuse sur
sa santé, déjà altérée.

C'est en 1877 que parut son Étude historique sur Mme de
la Vallière,» pages d'un grand intérêt, publiées dans le *Corres-*
pondant des 10 et 25 février 1877 sous le titre de *Mme de la*
Vallière et son temps, d'après des documents inédits. Ces documents lui avaient été communiqués par notre érudit compatriote Benjamin Fillon, qui collectionna tant de curiosités
littéraires et archéologiques. Alfred Giraud n'ignorait pas
les travaux publiés sur Mme de la Vallière par l'abbé Le
Queux, Mme de Genlis, Sainte-Beuve, de Sacy, Pierre Clément,
Capefigue, Arsène Houssaye et Damas-Hinard ; mais il a in-
diqué quelques points nouveaux de critique historique et
littéraire, et il intéresse le lecteur par le récit de cette vie
dont les différentes phases forment, dit-il, au milieu des
grandeurs et des tristesses du XVIIe siècle, un précieux et solen-
nel enseignement : « Mme de la Vallière restera, parmi les
« femmes qu'ont aimées les souverains, la seule vraiment
« intéressante. Elle est la seule qui ait aimé le Roi d'un amour

« désintéressé, et comme le dit excellemment Mme de Sé-
« vigné, *on n'en a pas vu d'autres sur ce moule.* C'est pour
« cela que l'histoire, qui, en général, n'aime pas à entrer dans
« le récit des faiblesses royales, et qui couvre du même
« mépris les courtisanes titrées ou non titrées, ne peut se
« défendre d'une certaine émotion, en reproduisant les en-
« traînements presque irrésistibles d'une passion si persévé-
« ramment, si douloureusement et si saintement expiée. C'est
« aussi pour cela que le peuple, voyant que la sagesse absolue
« n'est pas plus le privilège des républiques que des monar-
« chies, tout en accablant de ses malédictions les favoris et
« favorites, a voué à la mémoire de Mme de la Vallière un
« sentiment profond de sympathie qui, à raison de la dernière
« partie de son existence, se trouve mélangé d'admiration et
« de respect. »

Alfred Giraud a publié, en 1850, sous le titre : les *Vendéennes*, un volume de poésies qui ne tiennent peut-être pas,
comme on l'a remarqué, toutes les promesses du titre, parce
que la couleur locale en est quelquefois absente ; mais si les
pièces diverses dont se compose ce recueil ne révèlent pas
un grand poète, elles montrent du moins qu'il avait beaucoup
de cœur et d'imagination, l'esprit ouvert, des connaissances
déjà étendues, et qu'il sentait vivement. Il a, comme beaucoup
d'entre nous, écrit dans sa première jeunesse (de 20 à 22 ans)
des vers faciles qu'il a réunis dans ce petit volume, dont je
donnerai ci-dessous quelques extraits. Voici d'abord le début
de sa dédicace à la Vendée :

« *Tu m'as vu naître, ô Vendée ; j'ai couru tout enfant sur*
« *tes vertes collines et me suis souvent assis à l'ombre de*
« *tes vieux chênes. J'ai senti plus d'une fois s'émouvoir mon*
« *âme, en entendant, le soir, autour de la grande cheminée*
« *de famille, raconter les luttes gigantesques de tes fils. J'ai*
« *souvent rêvé en visitant tes champs de bataille, en m'as-*
« *seyant sur les débris de tes châteaux et de tes chaumières,*
« *et en écoutant le vent de la mer gémir dans tes forêts*

« *attristées. Tu es grande, ô ma patrie, et tu es belle sous*
« *tes vêtements de deuil. J'aime ta mâle et mélancolique*
« *figure qui se penche pour pleurer sur les tombes : j'aime la*
« *main qui au milieu des croyances disparues, déploie*
« *encore avec confiance le saint drapeau de la foi... »*

Extrait du *Roc Saint-Luc*.

Saint-Luc[1], j'aime à te parcourir,
Quand partout commence à fleurir
Ton roc que le silence habite,
Et quand, reprenant son orgueil,
Ainsi qu'un mort dans son cercueil.
L'âpre nature ressuscite.

Alors tous ces rochers chenus
Sentent flotter sur leurs flancs nus
— Antiques fils des vieilles Gaules —
Les branches d'arbres palpitants,
Cheveux que la main du printemps
A flots jeta sur leurs épaules.

Alors cet humide vallon,
Où le courroux de l'aquilon
Jamais en mai ne se déchaine,
Offre au passant pendant le jour
Une onde où vient avec amour
Se mirer la feuille du chêne.

O roc, il faut te contempler
Lorsque sur toi mai fait briller
L'éclat de ses métamorphoses,
Car tout, vallon, oiseaux, rocher,
Zéphyr, tout nous fait remonter
Au Créateur de toutes choses.

Mai 1847.

[1] Le roc Saint-Luc, site remarquable de la Vendée, est situé dans la forêt de Vouvent. Dès l'époque gauloise il existait deux chemins reliant le Marchoux de Fontenay-le-Comte à la forêt. L'un d'eux, par le Saint-Luc, présente plus particulièrement tous les caractères distinctifs des stations druidiques du pays picton. Situé à l'extrémité d'un promontoire,

Extrait de la *Prière d'un laboureur vendéen*.

O mon Dieu, je suis pauvre, ignorant et tranquille ;
J'ai de nombreux enfants, et je n'ai pour tout bien
Que ce modeste champ, qui nourrit ma famille,
    Mes bœufs, ma chaumière et mon chien.

Dans ce riant vallon où vous m'avez fait naître,
Je ne suis, ô mon Dieu qu'un simple laboureur ;
Mais, fidèle et croyant, je ne puis méconnaître
    Que vous fécondez mon labeur.

C'est votre volonté qui fait dans cette terre
Germer le grain chétif que nous y déposons,
Et qui donne à nos soins, à notre vie austère,
    Pour récompense les moissons.

Je viens donc vous prier d'arrêter l'avalanche
Qui menace la France en proie aux factions,
Et de verser sur nous votre amour qui s'épanche
    En douces bénédictions.

ressérré entre la rivière de *Vendée*, à l'est, et le petit ruisseau de *l'Ugron*, à l'ouest, il est fermé, au nord, par un retranchement en terre et un fossé derrière lequel s'élevait le bois sacré (*le bois de Doldbre*). Au bas du coteau, se trouve la *Vieille-Fontaine*, tandis que sur la rive gauche de la *Vendée* on rencontre le demi-dolmen de la *Folie*, la *Chaire-à-Moïse*, et, au-dessous du vieux logis de *Puy-Chabot*, les vestiges d'un camp-refuge. Plus tard, le christianisme vint donner à ce lieu son empreinte sacrée, et le Luc fut placé sous le patronage de saint Pierre. A une époque plus rapprochée, l'abbé Garnereau en fit sa maison de campagne et y éleva un petit oratoire qui subsiste encore. MM. Espierre, propriétaires actuels de Saint-Luc, en ont fait une charmante résidence d'été (René Vallette, *Paysages et Monuments du Poitou*).—Alfred Giraud en fut l'un des chantres les mieux inspirés, et c'est l'une des plus jolies pages du charmant recueil que cet illustre enfant de Fontenay avait, dans sa filiale affection, baptisé du nom de *Vendéennes*, poésies aujourd'hui bien oubliées, et que j'ai retrouvées dernièrement sous les galeries de l'Odéon, parmi les livres en rupture de bibliothèque. Soyez donc un poète de valeur, un magistrat distingué et l'un des plus dignes représentants législatifs de votre pays, et vous aurez toutes les chances du monde de trouver, à défaut d'un fauteuil à l'Académie, une place sur le parapet d'un quai entre un *Recueil d'Anas* et un *Guide du parfait Jardinier*... (René Vallette, *Chroniques du Bas-Poitou*, 1885, p. 108.)

Faites, faites, Seigneur, que dans notre patrie
Règnent la piété, la concorde et l'honneur,
Et qu'après tous ces maux notre France chérie
    En vous retrouve le bonheur !
                        (Mai 1848).

Extrait d'*Une larme au moyen âge*.

Rendez-moi, rendez-moi les temps du moyen âge,
Ses croyances, ses mœurs, sa foi simple et sauvage,
Ses reines, ses amours, ses chevaliers vainqueurs,
Et ses gais troubadours, race aimable et choisie,
Bardes dont l'énivrante et douce poésie,
    Entrait à flots dans tous les cœurs.

Rendez-moi ces guerriers, ces paladins antiques,
Qui priaient humblement sous les arceaux gothiques,
Usaient sous leurs genoux la pierre du saint lieu,
Combattaient l'hérésie et la bassesse immonde,
Et confessaient sans peur, en présence du monde,
    Le nom sacré du Fils de Dieu !

Rendez-moi ces vassaux dont la vaillante épée
Etait, comme leur âme, et forte et bien trempée,
Qui pour leur suzerain combattant noblement
Gardaient jusqu'à la mort leur haute citadelle,
Et qui tous aimaient mieux voir de leur cœur fidèle,
    Sortir leur sang que leur serment.

A la mémoire de ma grand'mère.

La mort inexorable, ô mère de ma mère,
A fait peser sur toi sa redoutable main,
Et tu t'es endormie en faisant ta prière,
Sans qu'on ait pu te dire : adieu, mère, à demain!

C'en est fait, le soleil éclairera le monde
Sans que ton œil heureux puisse le contempler,
Et tu ne verras plus sur la terre féconde
Les épis déjà mûrs au vent du nord trembler ;

Et tu ne verras plus l'enfant de ta vieillesse
Dont les yeux étonnés en vain te chercheront,
Le cœur plein d'innocence et de vive allégresse,
A ta bouche ravie offrir son jeune front.

Puisqu'il faut qu'ici-bas tout destin s'accomplisse,
Reçois avec nos pleurs notre éternel adieu ;
Mais si tu veux qu'un jour la mort nous réunisse,
Intercède pour nous au tribunal de Dieu,

Afin que nous puissions devant lui comparaître
Sans frémir, en songeant à notre infirmité,
Quand, des deux éléments qui composent notre être,
L'un aura le tombeau, l'autre l'éternité !

———————

Extrait de *Strophes adressées à M. Dufougerais, député* (1849).

Digne représentant de la jeune Vendée,
Vous vous êtes montré sans reproche et sans peur.
Vous avez mis le fait sous les pieds de l'idée,
Et les centres émus ont pâli de stupeur.

Vous avez déployé d'une main franche et ferme
Le vieux drapeau du droit depuis vingt ans proscrit,
Et de tous nos malheurs vous avez vu le germe
Dans le droit de l'émeute en nos chartes écrit.

Vous avez dit à ceux qu'un fol orgueil emporte,
Dont la voix emphatique invoque le progrès,
Que le progrès pour eux est une lettre morte
Qu'ils écrivent d'abord pour effacer après.

La source de l'honneur n'est pas encore tarie
Dans le cœur chaud et fier des braves Vendéens,
Et si nous servons Dieu nous aimons la patrie
Dont nous serons toujours les plus fermes soutiens.

———————

Extrait des *Strophes à Paula.*

Vierge au soleil de mai comme une fleur éclose,
Tes cheveux sur ton cou tombent nonchalamment ;
Et ta bouche où s'empreint la fraîcheur de la rose
Nous semble de ton cœur être l'écho charmant.

Ton front délicieux que la vertu couronne
Subjugue nos regards doucement étonnés,
Et tes beaux grands yeux noirs où la grâce rayonne
Font plier nos genoux devant toi prosternés.

Ta taille est élégante et ta course légère,
Et tu voles chantant dans les sillons fleuris,
Et l'on dit que, semblable à l'antique bergère,
Tu passes sur les blés sans courber les épis.

Fragment d'une *Epître à M. Garnereau.*

Aussi, croyez-le bien, j'attends avec ivresse
Ces jours où, délivré du travail et du bruit,
Quittant la grande ville et son sol de granit,
Laissant sa face immense et de maisons ridée,
J'irai, joyeux, humer l'air pur de la Vendée.
Au moins, là, déchargé des travaux desséchants,
Parcourant librement les vallons et les champs,
Au lieu de tristes murs voyant des branches d'arbre,
Voyant de frais gazons au lieu d'or et de marbre,
Entouré tous les jours d'êtres que je chéris,
Je me reposerai du séjour de Paris ;
J'y verrai l'air, les cieux, les fleurs et la verdure,
Je verrai dans les champs sourire la nature,
Et le soir, le soleil, dans l'arrière-saison,
Or et pourpre à la fois, s'enfuir de l'horizon.

1846, Alfred Giraud, alors étudiant en droit, n'avait que 19 ans.)

Alfred Giraud fut pendant plusieurs années l'un des hôtes
les plus assidus des réunions tenues chez Eugène Loudun
notre éminent écrivain catholique, qui était alors bibliothé-

caire à l'Arsenal. Ce petit cénacle, dont je faisais partie, se composait d'une trentaine de jeunes littérateurs, artistes ou étudiants, en grande partie disparus aujourd'hui, qui différaient souvent d'opinions, de sentiments ou de tendances, mais qui étaient néanmoins liés par l'intimité qu'entretenait entre eux leur excellent amphytrion. Ils s'étaient rencontrés dans des temps troublés (1850-1855), et ils furent amenés à discuter tous les sujets qui divisent encore les hommes à la fin de ce siècle. Les dissidences les plus profondes ne les désunissaient pas, parce qu'une bienveillance générale, plus rare peut-être aujourd'hui, leur faisait faire des concessions réciproques, et il semblait qu'une atmosphère apaisante enveloppât ce petit cénacle. Les amis qui se réunissaient ainsi' depuis six ans chez Eugène Loudun lui offrirent un banquet en janvier 1856. Des discours y furent prononcés, des vers récités, et Alfred Giraud, qui venait d'être nommé substitut à Tours n'ayant pu y assister, répondit par les vers suivants (*inédits*) au toast qui lui avait été porté :

AU CÉNACLE DE L'ARSENAL

Vous n'avez jamais dit, avec la foule ingrate :
Les morts sont oubliés et les absents ont tort,
Et, dans le doux banquet, votre noblesse éclate,
Et vous pensez toujours à l'absent comme au mort[2].

Merci de vos souhaits ardents et sympathiques,
Car vos vœux ne sont point un banal compliment ;
Vous méprisez Philinte, et, peu diplomatiques,
Vous ne comprenez pas comment la bouche ment.

Aussi je suis à vous de cœur et de pensée ;
Poète à l'âme émue, organe de la loi,
Sur le nouveau terrain où ma route est tracée,
Mes amis, cher Loudun, pourront compter sur moi.

[1] Ernest et Alphonse Daudet, A. Lacaussade, Alb. de la Fizelière, Amédée Pommier, Vital-Dubray, H. Lazerges, Achille Sirouy, Jules Duvaux, etc.

[2] Allusion à l'un des nôtres, prématurément décédé et vivement regretté.

Lorsque Alfred Girand fut nommé, le 18 juillet 1876, conseiller à la cour d'Orléans, il y reçut le meilleur accueil.
Appelé en outre, par le suffrage unanime des membres de
la Société archéologique et historique de l'Orléanais, à faire
partie de cette savante compagnie, on y reconnut bien vite
la rectitude de son jugement, la noblesse de son caractère et
le charme de ses relations, ainsi que le rappelle éloquemment
une notice lue en séance après sa mort.

Notre excellent ami avait malheureusement perdu sa
femme[1] dès l'année 1861 (elle n'avait que 24 ans), alors qu'il
était substitut à Gien. Elle lui avait laissé trois filles. En 1878,
la mort de la seconde[2], qu'il affectionnait beaucoup, l'affligea
profondément. Il était déjà atteint d'une maladie de cœur,
qui s'aggrava. Forcé d'aller chercher quelque soulagement et
quelque repos à Fontenay, sa ville natale, auprès de sa mère,
de ses deux autres filles et de son gendre[3], il y mourut le 9
juillet 1880, entouré de l'affection des siens et des regrets de
tous ceux qui l'avaient connu.

CHARLES FARCINET.

[1] Née Marie-Aurélie Tiffeneau de Verrine (de Chinon).

[2] Marie-Anne-Madeleine, décédée à l'âge de 20 ans, le 21 décembre 1878, à
Orléans.

[3] M. Henri de Lisle, membre du conseil général des Deux-Sèvres, propriétaire
au château de Cerizay.

Sa fille cadette a épousé M. Thomas de la Pintière, major au 18e régi-
ment de ligne, propriétaire au château de la Fromentinière, près Pouzauges
(Vendée).